Dieses Buch gehört:

Basti und seine Freunde

Heute treiben es die Schneeflocken aber wieder bunt! Es wirbelt nur so am winterlichen Himmel. Basti drückt sich die Nase an der kalten Fensterscheibe platt. Der kleine Bär liebt den Winter sicherlich genauso wie du.
Aber warum eigentlich? Ist doch ganz klar! Schnee, Rodeln, Eislaufen und da ist ja auch noch Weihnachten! Basti schlingt sich seinen warmen Schal um den Hals, sucht seine Mütze und die passenden Handschuhe und macht sich auf die Suche nach dem Schlitten. Irgendwo im Schuppen muss er sein, verstaubt zwar aber noch heil. Ob er seine Freunde zu einer Schlittenfahrt überreden kann? Wäre doch gelacht! Bei diesem prächtigen Winterwetter muss man in die klare Luft hinaus. Den Bärenkindern und ihren Freunden kann es nicht schnell genug gehen. Der alte Schlitten knarrt schon bedenklich. Während der Sommermonate dürften einige Holzwürmer darin ihr Quartier aufgeschlagen haben. Aber sich dadurch die Laune vertreiben lassen? Kommt ja gar nicht in Frage! Noch einmal heißt es „Auf die Plätze, fertig, los!"

Jetzt muss aber mal eine Pause eingelegt werden!
Bei Kuchen und Kakao wird geplaudert und natürlich ist
das baldige Weihnachtsfest das Thema Nummer 1.
Was sich die Bärenkinder so wünschen? Basti überlegt.
Ein neuer Schlitten wäre sicherlich nicht zu verachten.
Oder eine Spielzeugeisenbahn? Aber dafür ist
seine Höhle ja viel zu klein. Gemeinsam mit
seinen Freunden fachsimpelt Basti über dieses und jenes.
Sie erzählen einander von diesen tollen neuen Computern der
Menschenkinder, mit einem Tastendruck kann man die ganze
Welt bewundern. Es dämmert schon, als Bastis
Freunde wieder aufbrechen. War das ein
aufregender Tag! Ob er gleich morgen mit den
Weihnachtsgeschenken beginnen soll? Na ja, eine Liste
kann er ja mal anfangen. Sein Bärenfreund aus dem
Nachbarwald bekommt wieder den herrlichen Spezialhonig.
Für seine Freunde ist Basti nichts zu teuer und kein
Geschäft zu weit weg. Das Geschenkpapier darf er
dieses Jahr nicht vergessen! Rauchwolken bilden
sich über Bastis pelzigem Kopf bei diesen
vielen Gedanken, sodass Herr Maus
schon besorgt um die Ecke blickt.

In der folgenden Nacht träumt
Basti von endlosen Geschenkslisten und bunten
Verpackungsschleifen. Hilfe! Da hat sich ja ein
Geschenksband um seine Pfoten gewickelt!
Basti schrickt aus dem Schlaf. Zum Glück war das nur ein
Traum! Die nächsten Tage verbringt Basti in den
verschiedensten Geschäften. Immerhin hat er viele
Freunde, die möchte er alle zu Weihnachten beschenken.
Beim Zurechtmachen der Pakete lächelt Basti schelmisch
vor sich hin. Ist da etwas im Gange? Hinter
dem kleinen Wald, in dem er seine Wohnhöhle
hat, liegt eine Wiese mit einem prächtigen
Tannenbaum. Der eignet sich ja vorzüglich
als Weihnachtsbaum! In der Scheune findet er
vom letzten Jahr noch eine Kiste mit Weihnachtsschmuck.
Hier hat Basti auch den alten Schlitten untergebracht,
der vorigen Winter einsam und verlassen
plötzlich mitten im Schnee stand. Ob den der
Weihnachtsmann damals vergessen hat? Nun kann
ihn Basti jedenfalls gut gebrauchen, denn irgendwie
muss er ja die Geschenke für seine Freunde
zum Weihnachtsbaum bringen.

Bastis Freunde folgen natürlich gerne seiner Einladung.
Es wird ein wunderschöner Weihnachtsabend
mit allem Drum und Dran. Basti hat
Kuchen und Honigwein für seine Freunde
vorbereitet und alle greifen tüchtig zu. Weihnachtslieder
gehören natürlich auch zu jedem Weihnachtsfest
dazu! Tja und dann ist endlich die lang ersehnte
Bescherung. Der Igel, Familie Hase, der Fuchs
und natürlich auch alle anderen dürfen sich
ihre Geschenke heraussuchen.
Basti ist schon sehr gespannt, hoffentlich
hat er für alle das Richtige gefunden.
Seine Freunde staunen: dieses Jahr sind
die Pakete aber besonders hübsch geworden.
Sogar Namensschilder sind darauf. Sie staunen
aber noch mehr, denn was müssen sie denn da lesen?!
Es steht zwar auf jedem Schild ein Name
darauf, aber überall ist nur „Für den lieben Basti" zu lesen!
Zu früh hat sich Familie Hase über das Gemüse gefreut!
Und der Spezialhonig? Der leuchtet besonders
golden aus dem Glas. Wie das Weihnachtsfest
nun ausgeht? Ich sehe nur noch
Fußspuren im Schnee, da ist wohl jemand
besonders schnell davon gelaufen.
Basti etwa?

Der Weihnachtshase

Der Hase Puschel schnuppert neugierig
an den großen Fußspuren vor seinem Haus.
Eigenartig. Wer hinterlässt solche riesigen
Abdrücke im Schnee? Auch sein Nachbar,
Hans, der Igel ist ratlos. Beide blicken in das
Schneegestöber, durch das sich plötzlich jemand seinen
Weg bahnt. Und da ist auch schon das Geheimnis
darum gelüftet. Ein Bär im Weihnachtsmannkostüm stapft
durch die Kälte. Schnee und Eis können seiner guten
Laune keinen Abbruch tun. Puschel und sein Nachbar
blicken erstaunt. Müsste der Bär jetzt nicht in seiner Winterhöhle
schlafen? Spaziert da am helllichten Tag so einfach herum!
Über seine Schulter hat der Weihnachtsbär einen großen
Sack gelegt, aus dem buntes Spielzeug herausblinzelt.
Wer bekommt wohl den kleinen
Plüschbären und das Segelboot? Das ist die zündende Idee!
Schnurstracks marschiert Puschel zurück ins
Haus. Er muss auf den Dachboden! Ui, da hausen aber
viele Spinnen! Und endlich findet Puschel in den
alten Sachen das Gesuchte!
Was glaubst du, kann das nur sein?

Eine wahre Schatzkiste voll mit
weihnachtlichem Krimskrams stöbert Puschel auf.
Freudestrahlend schleppt Puschel die Kiste in den Flur.
Er hat ja gewusst, dass dieses alte Ding noch existiert!
Zuerst muss einmal der Staub weg.
Na ja, ist keine so tolle Arbeit, aber was hilft es!
Mit zittrigen Pfoten und glänzenden Augen
öffnet Puschel dann den Deckel.
Und da sind sie auch schon, die bunten
Kugeln, Girlanden, Glocken und Bänder, die er so gut zum
Verpacken der Weihnachtsgeschenke verwenden kann.
Eigentlich hat ihn der Weihnachtsbär daran erinnert,
dass Puschel sich rechtzeitig um die
Weihnachtsgeschenke kümmern sollte.
Puschel überlegt. Wenn sein Fest,
nämlich das Osterfest, im Frühling gefeiert wird, kann er die
Geschenke in allen möglichen Verstecken deponieren.
Aber jetzt im Winter? Kahle Büsche und feuchter Schnee machen
jedes Versteck zunichte. Oder irrt er sich gar vielleicht?
Werden zu Weihnachten etwa gar keine Geschenke versteckt?
Da gibt es nur eines, er muss sich Rat holen bei seinem
alten Freund, dem Hasen Rudi.

Puschel hüpft durch den hohen Schnee. Ist das anstrengend!
Gleich hinter den drei Tannen wohnt Rudi. Und der freut sich
mächtig, als er Puschel in der Tür stehen sieht. Bei diesem
Winterwetter bekommt man nicht oft Besuch,
da kommt man schnell ins Grübeln und Trübsal
blasen. Als er Puschels Fragen hört,
kann er sich ein Schmunzeln nicht verkneifen.
Nein, diese Kinder! Und dann erklärt Rudi ihm geduldig,
wie das so ist mit Weihnachten und Ostern. Dass zu
Weihnachten eigentlich keine Geschenke versteckt werden,
was Puschel allerdings ein wenig langweilig findet,
aber bitte. Da hat Rudi auch noch eine Idee.
Er möchte ohnehin seinen Cousin besuchen
und ihm ein Weihnachtsgeschenk bringen,
da kann er Puschel gleich mitnehmen.
Gemeinsam packen sie die
Geschenke ein und machen sich auf den Weg.
Sie sind als richtige Weihnachtshasen unterwegs,
ein seltsames Paar.　　　　Beim Wandern durch
die Winterlandschaft　　　vergeht die Zeit
wie im Flug und da
sind sie auch schon
angekommen in
Hasenhausen.
Jetzt müssen sie
nur noch Rudis
Cousin aufstöbern.

16

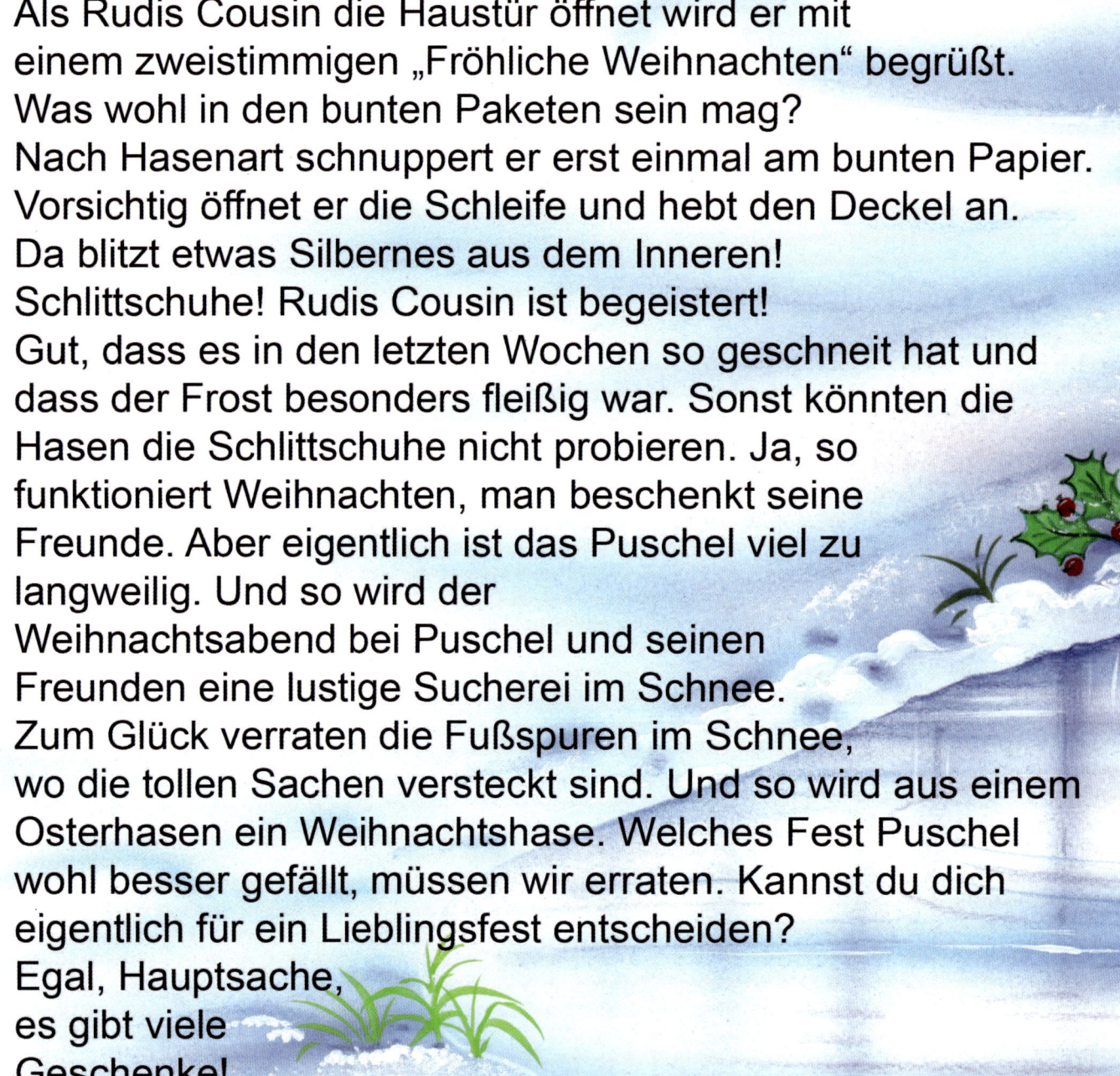

Als Rudis Cousin die Haustür öffnet wird er mit
einem zweistimmigen „Fröhliche Weihnachten" begrüßt.
Was wohl in den bunten Paketen sein mag?
Nach Hasenart schnuppert er erst einmal am bunten Papier.
Vorsichtig öffnet er die Schleife und hebt den Deckel an.
Da blitzt etwas Silbernes aus dem Inneren!
Schlittschuhe! Rudis Cousin ist begeistert!
Gut, dass es in den letzten Wochen so geschneit hat und
dass der Frost besonders fleißig war. Sonst könnten die
Hasen die Schlittschuhe nicht probieren. Ja, so
funktioniert Weihnachten, man beschenkt seine
Freunde. Aber eigentlich ist das Puschel viel zu
langweilig. Und so wird der
Weihnachtsabend bei Puschel und seinen
Freunden eine lustige Sucherei im Schnee.
Zum Glück verraten die Fußspuren im Schnee,
wo die tollen Sachen versteckt sind. Und so wird aus einem
Osterhasen ein Weihnachtshase. Welches Fest Puschel
wohl besser gefällt, müssen wir erraten. Kannst du dich
eigentlich für ein Lieblingsfest entscheiden?
Egal, Hauptsache,
es gibt viele
Geschenke!

Ein Schneemann auf Wanderschaft

Heimlich hat man ihn gebaut. An einem stillen
Winterabend, an dem die Schneeflocken besonders
zahlreich vom Himmel gefallen sind:
den Schneemann Willi. Die Tierkinder des
Waldes haben sich auch alle Mühe
gegeben, damit er wirklich perfekt aussieht.
Die Hasenfamilie hat eine besonders große Rübe
gestiftet, damit Willi auch eine passende Nase ins Gesicht
bekommt. Den bunten Schal haben die Eichhörnchen aufgetrieben.
Die Kinder, die sonst immer auf der Waldlichtung gespielt haben,
dürften ihn dort vergessen haben. Auch einen alten Hut hat
der Wind in den Wald gewirbelt. Der passt aber vorzüglich!
Aber in Willi schlummert etwas ganz Außergewöhnliches.
Ihm genügt es nicht, einfach nur so im Schnee
herumzustehen und seinen dicken Bauch in die Kälte zu
strecken. Jetzt vor Weihnachten gibt es ja so viel zu
entdecken und zu erleben, da kann er unmöglich hier
zurückbleiben. Kurzerhand begibt sich Willi auf Wanderschaft, er
möchte zu gern erleben, wie Weihnachten woanders gefeiert wird.

So, fertig! Stolz betrachten die Tierkinder ihr Werk.
Wenn die wüssten, welche Hintergedanken
der reiselustige Schneemann ausheckt.
Während die Tiere sich zum Aufwärmen in die Bärenhöhle
zurückziehen und dort genüsslich ihren heißen
Honigtee schlürfen, studiert der Schneemann schon
die Landkarte. In welche Richtung soll er nur marschieren?
Gleich hinter dem Hügel sieht der Wald besonders
einladend aus. Die Eichhörnchenfamilie Purzel hat
dort ihr Revier. Geschäftig sausen die kleinen
Pelztiere auf und ab. Und teilen den Schneemann
auch gleich zur Arbeit ein! Pakete beschriften und sortieren
ist noch die leichteste Tätigkeit. Irgendwie hat sich Willi Schneen
seinen ersten Ausflug anders vorgestellt. Die witzigen Nager
erholen sich auf ihrem Baum, knabbern eine Nuss
nach der anderen und er? Nichts wie weg! Willi angelt nach
seinem Gehstock und macht sich aus dem Staub.
Ob auch alle Pakete fertig sind? Sollen sich doch die
Eichhörnchen wieder darum kümmern!
Zum Glück hinterlässt Willi
keine Fußspuren.

Sein nächster Halt sieht da schon viel gemütlicher aus.
Ob hier Weihnachten gefeiert wird?
Bei Familie Purzel war es ihm ja viel zu stressig!
Der viele Schnee hat den Hügel in einen herrlichen
Rodelberg verwandelt und die Tierkinder genießen es,
mit ihren Schlitten bergab zu sausen. Willi fährt
natürlich gerne mit. Aber ob er weiß, worauf er sich
da einlässt? So richtig festhalten kann er sich nicht
und die Tiere sausen in rasender Geschwindigkeit
mit ihm zu Tal. Und da ist es auch schon passiert!
Rumms! Schon steckt der Schlitten Willi-1 in einem
riesigen Schneeberg. Sein Hut, sein Schal,
die Fäustlinge, alles wird durch die Luft
gewirbelt. Ein wahres Schneegestöber ist entstanden!
Zum Glück bleiben die Kohleaugen in seinem
Schneegesicht! Aber was muss er da entdecken?
Im Schneehaufen gegenüber steckt
seine Rübennase fest! Als sich die verunglückten
Rodler wieder zusammengerafft haben,
müssen sie sich erst mal aufwärmen.
Aber Vorsicht Willi! Schmelzgefahr!
Armer Willi, wo bleibt da
die Weihnachtsstimmung?

Mit leicht gesenktem Kopf tritt Willi der Schneemann den Heimweg an. So große Hoffnungen hatte er! So neugierig war er auf Weihnachten weit weg von zu Hause. Er wollte Abenteuer, doch bekommen hat er Arbeit und eine verbeulte Nase. Am schönsten ist es doch wohl zu Hause auf der Wiese, auf der ihn die Tiere gebaut haben. Als Willi über den Horizont angewackelt kommt, erwartet ihn eine Riesenüberraschung. Die Tierkinder haben eine Tanne auf seiner Wiese weihnachtlich geschmückt, mitten auf der Spitze thront sogar ein blinkender Stern. Sogar ihre Musikinstrumente haben die Tiere mitgebracht. Willi ist gerührt, beinahe verdrückt er eine Träne vor Rührung, aber aufgepasst, die würde ja gleich zu einem Eiskristall werden! Und jetzt wird es richtig weihnachtlich! Irgendwo sind sicherlich noch Weihnachtskekse aufzutreiben, die wären ein wahrer Genuss für seinen Schneebauch! Jetzt ist es richtig Weihnachten! Willi weiß jetzt: so richtig feiern kann man eigentlich nur zu Hause mit seinen allerbesten Freunden!

Anton, der Weihnachtsglückspilz

Weißt du eigentlich, wo Rentiere schlafen?
Tief im Wald, versteckt hinter dichten Bäumen,
haben sie ihr Zuhause. Wenn im Winter der
Schnee sehr hoch liegt, brauchen sie
besonderen Schutz. Anton, ein
noch ziemlich junges Rentier hat eine außergewöhnliche
Bleibe gefunden. Der Wurzelstock eines riesigen Baumes
ist fast wie eine gemütliche Höhle. Gemütlich? Im Winter?
Bei Schnee und Eis? Aber Rentiere sind ja für die
Kälte gut gerüstet, sagt man. Warum sonst würden sie
dem Weihnachtsmann zur Hand gehen oder vielleicht
auch einmal dem Christkind aushelfen?
Anton reckt seine Nase in die kalte Luft.
Aha, es riecht nach Weihnachten! Irgendwie
hat er Lust, auf Entdeckungsreise
zu gehen. Anton trottet aus seiner
Wohnhöhle in Richtung Waldlichtung.
Da ist ja noch ein Bekannter aus dem Norden!
Der runde Schneemann Kurt übt schon fleißig die ersten
Weihnachtslieder. Die Freude über das Wiedersehen
ist groß und so singt Anton fleißig mit. Laut, falsch,
aber mit grenzenloser Begeisterung!
Arme Maus, die großen Ohren legen
sich schon ziemlich in Falten.

Rentiere lieben das Wandern, es hält sie nie lange
an einem Ort. Und so schlendert Anton auch bald weiter.
Ob er auch bald so eine tolle Karriere hinlegen wird wie
sein Verwandter Rudolf? So oft hat er schon die
beeindruckenden Geschichten gehört,
die Rudolf zu erzählen hatte, wenn er
mal wieder mit dem Weihnachtsmann unterwegs war.
Anton ist so in Gedanken versunken, dass er beinahe den
zugefrorenen Bach übersehen hätte. Das Eis glitzert so,
dass er sich darin spiegeln kann! Aber was ist denn das?
Anton schaut sich beinahe die Augen aus dem Kopf!
Seine Knubbelnase ist ja knallrot geworden!
Wie bei einem richtigen Weihnachtsrentier!
Anton ist vollkommen aus dem Häuschen!
Was ihn jetzt wohl alles erwarten wird? Plötzlich zupft ihn
jemand an seinem linken Ohr. Eine lustige Tiergesellschaft
steht da mitten im Schnee, über und über mit Weihnachtspaketen
beladen. „Bist du nicht ein Weihnachtsrentier?",
klingt es da schüchtern zu ihm empor.
„Könntest du uns nicht helfen?"
Sein erster Auftrag! Anton platzt vor Stolz.
Wenn das Rudolf wüsste!

Tja, Anton ist jetzt schon eine Weile als
Weihnachtsrentier unterwegs. Er ist wirklich gut
gebucht. Die Liste seiner Auftraggeber wird immer
länger. Anton würde eigentlich schon einen
eigenen Schlitten brauchen, um all seine
Aufträge erfüllen zu können. Aber woher nehmen?
In der Zeitung nachlesen? Kann er nicht.
Die modernen Kinder von heute haben ja die tollsten
Möglichkeiten für so etwas. Aber ein Rentier?
Zum Glück haben die kecken Mäuse ihre Augen
und Ohren überall. Und so entdecken sie ihn
als erstes, den passenden Schlitten für Anton.
In prächtigem Rot, mit genügend Platz für die
vielen Weihnachtspakete steht er plötzlich vor
Antons Höhle. Woher ihn seine Freunde haben?
Das verraten sie nicht, das ist großes Mäusegeheimnis.
Jetzt macht Anton seine Arbeit als Weihnachtsrentier
noch mehr Spaß. In Windeseile saust er über den Schnee.
Dieser Beruf ist für Anton genau der richtige!
Vielleicht wäre eine Weihnachtsrallye
eine coole Sache? Lieber nicht, sonst
bist du deinen
Weihnachtsschlittenführerschein
schnell wieder los, Anton!

Die Tage bis Weihnachten vergehen für Anton wie im Flug. Unermüdlich zieht Anton seinen Schlitten mal dahin und mal dorthin. Er befördert Pakete, Kinder in die Schule oder manchmal auch ältere Damen mit Einkaufstüten. Und eines Tages vor Weihnachten findet Anton einen besonderen Brief in seiner Post. Alleine das Papier fühlt sich toll an. In goldenen Buchstaben steht der Absender: „Rudolf" Anton verschlägt es die Rentiersprache. Sein Freund, der kleine Hund Balduin muss ihm das Kuvert öffnen, Anton ist viel zu nervös. Was denkst du, steht darin? Anton darf im Gespann des Weihnachtsmannes mitfahren! Er kann sein Glück kaum fassen! Das ist die Chance seines Lebens! Er bringt sein Zaumzeug auf Hochglanz und lässt sich das Fell besonders gut bürsten. Natürlich muss auch seine rote Weihnachtsnase in Höchstform gebracht werden. Aber Anton hat diese Auszeichnung auch wirklich verdient. Als er am Weihnachtsabend voller Vorfreude in Richtung Himmel zieht, winken ihm auch seine Freunde voller Stolz nach. Jetzt haben sie einen richtigen Star in ihrer Schar, toll! Wann ist Autogrammstunde?

Kristallina

Hoch oben im Himmel wohnt Kristallina.
In einem hohen Gebilde aus glänzenden Schneewolken
lebt sie im 101. Stockwerk. In der Zeit, wo es auf der
Erde Frühling und Sommer ist, fristet Kristallina ein
trauriges Dasein. Den größten Teil des Tages schläft sie
dick eingehüllt in eine Wolkenschicht. Wenn sie bei einer
kleinen Luke hinausguckt, gefällt ihr das gar nicht, was sie sieht.
Sonne, grüne Wiesen und Blumen sind so gar nicht
Kristallinas Welt. Aber was ist eigentlich
Kristallinas Welt? Sie fühlt sich im tiefsten
Winter so richtig pudelwohl. Je kälter desto besser.
Wenn der Herbst beginnt, wird Kristallina endlich wach.
Sie reckt und streckt sich. Juchhu, die Temperaturen auf der Erde
sinken und die ersten Schauerwolken ziehen dunkel über
den Himmel. Kristallina reibt sich die eisigen Hände vor Freude.
Jetzt ist es bald soweit für sie und ihre Freunde.
Auf geht es zur Erde hinab! Die Tierkinder haben ja auch schon
ihren Schlitten ausgepackt! Jetzt ist aber Eile geboten!
Wer glaubst du, ist eigentlich Kristallina?
Richtig geraten!
Kristallina ist eine Schneeflocke!

Kristallina eilt zum Sammelplatz aller
Schneeflocken. Direkt am Wolkenhauptplatz
bei der großen Eissäule trifft sie alle wieder, von denen sie sich
schmerzlich im Frühling verabschieden musste.
Was für eine Wiedersehensfreude!
Das gibt ein Gewirbel, dass die Schneeflocken
nur so über den Himmel tanzen.
Und wie freuen sich erst die Kinder auf der Erde!
Lange haben sie schon auf den ersten Schnee gewartet.
Die ersten Schneemänner wollen schon
gebaut werden! Als Kristallina auf der Erde ankommt,
blüht sie so richtig auf. Ihre Kollegen haben auch
bereits eine herrlich glatte
Eisfläche auf die Bäche und Seen
gezaubert. Was für eine Freude für
alle Eislaufbegeisterten! Sogar die Tierkinder
haben ihren Spaß daran. Kristallina strahlt über
ihr ganzes Schneeflockengesicht.
Ob sie mit den Spatzen um die Wette
fliegen soll? Es hat 6 Grad unter Null,
einfach großartig! Ihre Backen sind
blau gefroren vor Freude.
Was könnte sie noch alles in
eine herrliche Winteridylle
verwandeln?

Kristallina schwebt neugierig weiter.
Von ihrem besten Freund, dem bärenstarken
Eiswind, lässt sich Kristallina bis hinter den
dichten Wald wehen. Auch bis hierhin haben
es schon viele ihrer Schneeflockengefährten
geschafft. Von der grünen Wiese sieht man
gar nichts mehr und auch auf dem Haus
oben am Hügel haben es sich die größten der
Schneeflocken bequem gemacht. Kristallina lächelt
schelmisch von einer Kristallecke bis zur anderen.
Ja so ist das mit den Schneeflocken: eine alleine
kann nichts erreichen, aber viele von
ihnen verwandeln langweilige Landschaften
in wahre Winterparadiese. Aber Vorsicht
Kristallina! Für eine Schneeballschlacht
muss man gut gerüstet sein! Zusammengeknüllt zu sein
zu einer dicken Kugel kann ganz schön
schmerzhaft sein. Da weicht Kristallina lieber schnell aus.
Sie setzt sich auf den Schneemannhut und schaut erst
einmal zu, wie die Tierkinder sich mit der weißen Pracht
bewerfen. Wer ist wohl der Sieger?
Na klar, Kristallina! Sie hat ja auch den
bequemeren Platz außerhalb
der Reichweite!

Kristallina wird es allmählich richtig weihnachtlich zumute. Mit einem glücklichen Seufzer hüpft das Schneeflockenmädchen von der Hutkrempe. Ob die Menschenkinder schon sehr aufgeregt sind? Was sie wohl zu Weihnachten geschenkt bekommen? Sicherlich sind Schlittschuhe, Skier und Schlitten dabei, da kann sie dann mit den Kindern im freien um die Wette toben. Schneeflocken lieben ja die Gesellschaft der Menschenkinder. Besonders wenn Kristallina an den Nasenspitzen kitzeln kann und den Kindern so manches Kichern entlockt, ist sie in ihrem Element. Schneeflocken können so richtige Kobolde sein, auch zu Weihnachten natürlich. Vielleicht findest du Kristallina ja wieder beim nächsten Schneegestöber. Oder zu Weihnachten, wenn du erwartungsvoll Ausschau hältst! In der Weihnachtsnacht ist Kristallina immer noch lange wach. Dann wird sie nachdenklich. Wie lange sie diesmal auf der Erde bleiben kann? Aber vielleicht steht sie ja mit ihren Schneeflockenfreunden auf einigen Wunschlisten der Kinder.

Bodo auf Weihnachtstournee

Eigentlich schlafen Igel im Winter,
das wissen sogar die Kinder aus dem
Kindergarten. Ist es erst einmal Herbst, sollte er sich
ein warmes kuscheliges Plätzchen zum Überwintern suchen.
Wer im Winter bei Schnee und Eis noch unterwegs ist,
braucht spezielle Sohlen an den Pfoten. Aber vielleicht
können die Igelstacheln bei Schnee und Eis ja auch
ein bisschen bremsen, jedoch nur, wenn sich der Igel
rechtzeitig auf den Rücken plumpsen lässt.
Mit Bodo stimmt etwas nicht. Im Winter wird Bodo erst so
richtig wach. Da hat er seine Ruhe vor anderen
seiner Art. Niemand nimmt ihm das Futter
weg und niemand schubst ihn von der Quelle weg, wenn er
gerade ein bisschen trinken will. Weihnachtsfrieden sozusagen!
Bodo zieht sich warm an und dann stakst er mit seinen kurzen
Beinen in den Schnee hinaus. Mal schauen, ob sich seit
dem dicken Schneegestöber etwas verändert hat!
Soll er vielleicht seine Gitarre auf die Wanderschaft
mitnehmen? Ein spontanes Weihnachtskonzert,
das wäre was!

Wie oft hat er schon davon geträumt,
mit einer Band durch die Lande zu ziehen,
frei wie ein Vogel, nein, wie ein Igel natürlich.
Aber zuerst muss Bodo einmal kräftig üben.
Sonst läuft ihm ja reihenweise das Publikum davon!
Sein großer Freund, der Bär, hilft ihm sicher.
Er war lange Zeit in seiner Jugend in einer Bärenmusikgruppe.
Als er hört, dass es Bodos größter Weihnachtswunsch ist,
so gut zu musizieren wie er, bekommt er rote Backen vor Freude
Er hätte zwar noch jede Menge Weihnachtsvorbereitungen
zu treffen, aber für Bodo lässt er gerne die Arbeit ruhen.
Der hohle Stamm eines dicken alten Baumes dient ihnen
als Proberaum. Und allmählich klingen auch schon brauchbare
Töne heraus! Da könnten sogar die Vögel neidisch werden!
Bodo übt und übt, bald ist Weihnachten und er möchte
doch so gern ein Weihnachtskonzert geben. Und Bodo
schafft es tatsächlich! Sein Freund würde ihm gern
anerkennend auf die Schulter klopfen, aber das wäre
bei einem Igel ziemlich schmerzhaft.
Bodo wird aber trotzdem über alle Maßen
gelobt, einer Musikerkarriere steht
also nichts mehr im Wege.

Der Bär leiht Bodo auch noch seinen roten
Schlitten, damit Bodo seine Instrumente ziehen kann.
Bodos erstes Ziel ist nur wenige Hügel weit entfernt.
Dort ist aber viel los, das ist gut so! Gerade rechtzeitig
vor Weihnachten hat der Schnee die Hänge in
herrliche Skipisten verwandelt. Und unter den Sportlern
sind auch sicherlich viele, die Bodos
Weihnachtskonzert hören möchten. Bodo rührt
die Werbetrommel nach Kräften. Der Konzertsaal
liegt in einem alten Blechfass, da ist die Akustik
sicher toll. Na ja, wahnsinnig voll ist der Saal
dann am Abend nicht, aber richtige Fans kommen, ganz egal wa
und wohin. Zum Glück hat der Schneemann seine Ohrenschütze
mit, denn Bodo quietscht mehr recht als schlecht.
Oder ist der Musikstil nicht gut gewählt?
Zu wild? Zu laut? Oder doch zu altmodisch?
Oh weh Bodo, ich fürchte, deine Karriere
als Konzertmusiker endet schneller,
als sie begonnen hat! Auch die Tiere
im Publikum möchten Bodo nicht
zu nahe treten, aber Igel sind
für alles andere bekannt,
nur nicht als Musiker!

48

Einer nach dem anderen verlässt
das Konzert, Bodo zieht die Schamesröte
bis in den letzten Stachel. Schwupp,
lieber sich zu einer Kugel rollen! Nein, wie er sich schämt!
Erst nach einer Weile steht Bodo wieder auf seinen vier
Stummelbeinen. Kleinlaut packt er seine Kabel, Instrumente
und Noten zusammen. Ganz still verlässt er das
Konzertfass durch den Hinterausgang. Nur nicht
jemandem in die Arme laufen! Bodo muss aufpassen,
er darf den Kopf nicht hängen lassen,
sonst streift seine Nase im Schnee.
Als er ganz zerknirscht wieder mit seinem
Schlitten zu Hause ankommt, erwarten ihn
schon seine Freunde. Heute ist ja Weihnachten!
Bodo darf natürlich mitfeiern mit seinen
Freunden, sie ahnen, dass Bodos Weihnachtstournee
nicht so erfolgreich war wie geplant. Aber macht nichts Bodo!
Das Musikerleben auf einer Bühne ist gar nicht so toll,
wie es aussieht! Musizieren bis weit in die Nacht, als Belohnung
ein roter Apfel, Übernachtung in einer muffigen Behausung?
Wäre das ein Leben? Bodo überlegt. Natürlich wäre das
sein Leben! Wichtig ist das Jetzt und Hier mit seinen Freunden,
der Winterschlaf kommt schon noch früh genug!

Der Forscher

So ein Fuchsbau ist eine behagliche Sache. Vorausgesetzt, man hat im Herbst vorgesorgt! Als die ersten Blätter sich verfärbten und wenig später sachte zu Boden sanken, hat der Fuchs bereits begonnen, für den Winter vorzusorgen. Mit seiner hervorragenden Spürnase hat er Vorräte in Hülle und Fülle zusammengetragen. Auch Wildtiere möchten zu Weihnachten einen reich gedeckten Tisch! Alle Arten von Beeren und getrockneten Früchten hat der Fuchs entdeckt.

Dann erst die Pilze! Moritz, der Fuchs leckt sich genüsslich die Schnauze. Sorgfältig hat er sie in seiner Vorratskammer aufgestapelt. Nur die essbaren, versteht sich! Durch ein winziges Fenster zwischen den Baumwurzeln guckt Moritz ins Freie. He, da ist ja schon Schnee gefallen! Nur ungern verlässt er seine Vorräte, aber die klare Winterluft lockt ihn einfach aus dem Bau. Was ihn da wohl draußen erwarten wird? Seit Beginn der Adventszeit war er nicht an der frischen Luft, mal war es zu nass, mal zu trocken, mal waren die Holzfäller zu laut oder die Stille war verdächtig gefährlich. Aber im Schnee ist es jetzt herrlich! Moritz trifft seine Freunde wieder, was für eine Begrüßung!

Der Schnee hat es Moritz besonders angetan. Genau betrachtet er die Kristalle. Wie schön die geformt sind! Und wie flaumig sie sind! Man kann so herrlich darin spielen. Moritz muss niesen, da hat sich doch glatt eine Schneeflocke auf seine Nase gesetzt! Auch seine Freunde spielen übermütig im Schnee. Ja was macht denn der Bär? Bedächtig und langsam rollt der Bär eine dicke Schneekugel. Moritz schmunzelt, wer ist runder, der Bär oder die Schneekugel? Das muss Moritz untersuchen. Wie viel Schnee braucht man für so eine Schneekugel? Und vor allem, was tut man damit?

Moritz hat dieses Phänomen auch schon bei Menschenkindern beobachtet. Mit großer Freude haben die Kinder drei unterschiedlich große Schneekugeln gerollt und dann aufeinander gesetzt. Noch ein Gesicht drauf, passt! Moritz beobachtet seinen Bärenfreund genau. Oh, die wird aber schön rund! Der kleine Hund, der mit Moritz vor kurzem noch über die verschneite Wiese getollt ist, ist ganz darin vertieft, im Schnee nach etwas zu suchen. Na das sind ja tolle Funde! Einen alten Knochen, ein abgenagtes Hühnerbein, ein paar Kohlestücke vom letzten Holzofengrill befördert der Vierbeiner zu Tage. Aber wozu braucht er diese „Schätze"?

An Moritz ist ein richtiger Forscher verlorengegangen. Jetzt bringt auch noch der Hase einige Rübenstücke aus dem Keller! Aber jetzt muss Moritz das einmal selbst ausprobieren. Vielleicht schafft auch er so eine tolle große Schneekugel. Jeder muss einmal klein anfangen und so beginnt Moritz mit kleinen Schneebällen. Die Schneekugeln werden größer und dicker. Ob er bis zum Heiligen Abend wohl fertig sein wird. Rasch, Beeilung! Der Weihnachtsabend ist schon sehr bald! Nach einer Weile hat Moritz es geschafft. Vorsichtig setzen die größeren der Tierkinder die Kugeln zusammen.

Beinahe hätten sie auf den großen Bauch vergessen!
So, jetzt ist aber alles perfekt. Vor dem neuen Schneemann
liegen noch die Utensilien, die ein Schneemann halt so
braucht. Rübennase, Reste von zerbrochenen Ästen und
einige dicke Steine als Knöpfe müssen auch noch auf die
stattliche Figur. Moritz Forscher, kratzt sich am Kopf.
Irgendwas fehlt. Richtig! Eine Kopfbedeckung.
Herr Dachs stiftet seinen alten Nachttopf. Jetzt
lacht der Schneemann lustig in die Weihnachtsnacht.
Und Moritz? Der freut sich, wieder etwas
Tolles entdeckt zu haben.

Die Mäuseweihnacht

Wer denkt, Mäuse würden kein Weihnachtsfest feiern, der irrt sich ganz gewaltig. Gerade in der Weihnachtszeit kommen die Mäuse zu gar keiner Erholung. Schon in den Wochen davor geht es rund im Hause Maus. Wenn da die Tierfreunde zu Besuch kommen, um sich die kalte Winterzeit mit einem kleinen Kaffeeklatsch zu vertreiben, haben sie meistens Pech. Die kleinen Nager sind meistens unterwegs. So auch die Mäusegeschwister Fritz und Franz.

Gerade eben möchte sie der Bär Kurt mit einigen anderen besuchen und von den neuesten Ereignissen im Wald zu berichten, da müssen Fritz und Franz schon mit ihrem Schlitten aufbrechen. Sie haben gehört, dass im Nachbarhaus schon mit dem Backen von Weihnachtskeksen begonnen wurde. Das können sie sich nicht entgehen lassen. Kurt kann ihnen gerade noch eine kurze Warnung nachrufen. Bei Familie Huber soll es nicht nur die köstlichsten Schokoladenkekse geben, sondern auch eine ungemütliche Katze, die keinen Spaß versteht, schon gar nicht, wenn es um Weihnachtskekse geht.

Aber Fritz und Franz haben Glück. Die Kellertür im Hause Huber ist nur angelehnt, sie können ganz leicht ins Haus gelangen. Da ist es aber angenehm warm! Und dann sehen Fritz und Franz etwas, was ihnen die Mäusesprache verschlägt. Die Vorratskammer zu entdecken war ein Leichtes und da steht sie, die berühmte Weihnachtsbäckerei der Hubers. Schokokekse so groß wie…., ja wie bloß…. Richtig, wie Kurts dicke Nase. Und die Lebkuchen erst! Aber noch etwas raubt den beiden Mäuse den Atem. Eine große dicke Katze macht sich auch die Wärme zunutze.

Genüsslich liegt sie auf dem Ofen und streckt ihre vier Beine von sich. Jetzt heißt es handeln, wenn sie zu Weihnachten noch alle Pfoten, Ohren und Schwanzspitzen haben wollen! Schnell packen sich Fritz und Franz ihre mitgebrachten Vorratssäcke voll mit Weihnachtskeksen und dann nichts wie weg. Zum Glück ist der Eislaufplatz in der Nähe, da können sie sich von diesem Schreck erholen. Ja, der Wunsch nach Weihnachtskeksen kann ganz schön verhängnisvoll enden.

Lange dauert die Pause am Eislaufplatz jedoch nicht. Aber sie helfen den Hasen natürlich bereitwillig bei der Weihnachtsgirlande. Ob sie sich so ein tolles Glitzerding auch für ihre Mäusewohnung besorgen sollen? Wenn sie das nächste Mal in Maushausen sind, dann vielleicht, beim Mäuseschlussverkauf. Oder vielleicht könnten sie sich so etwas bei Nachbar Maier ausleihen? Langsam pirschen sie sich an das Nachbarhaus heran, die riesigen Schneebälle sind eine tolle Tarnung, wirklich! Keiner der Familie Maier ahnt, was die beiden Mäuse vorhaben.

Die haben inzwischen Stellung bezogen und beginnen, ihr Werkzeug auszupacken. So, jetzt müssen sie eine ruhige Pfote haben, damit auch alles gelingt. Ganz klein und leise hört man die Sägegeräusche der beiden Mäuse. Nur noch ein kleiner Schnitt, fertig! Die kecken Mäuse haben heuer zu Weihnachten jetzt auch so eine hübsche Girlande. Wer hätte das gedacht? Hoffentlich verpetzt sie jetzt niemand! Schnell weg, ihr zwei! Die großen Schneekugeln lassen die beiden hinter dem dicken Baum liegen. „Maus" kann nie wissen, ob man sich noch etwas borgen könnte!

Jetzt geht es aber mit Volldampf auf den Weihnachtsabend zu. Die Mäuse können zufrieden sein. Fritz und Franz haben fast selbst Weihnachtskekse gebacken, na ja, ausgeborgt sozusagen. Sie haben auch für eine tolle Weihnachtsdekoration gesorgt. Weihnachten ist ja das Fest der Lichter. Nur, ob sie die Lichtergirlande den Nachbarn wieder zurückgeben sollen? Waren es jetzt die Maiers oder doch die Hubers? Jetzt müssen nur noch die Weihnachtsgeschenke ausgesucht und verpackt werden. Ist doch erst der 24. Dezember, 11.50 h, da kann man noch gemütlich einkaufen gehen. Habt ihr den Eindruck, dass unsere Mäusefreunde Fritz und Franz ein bisschen eigenartig sind? Aber nein, Mäuse sind halt so. Gemeinsam mit ihrem Bärenfreund Kurt feiern sie den heiligen Abend. Natürlich haben sie auch ein Geschenk für ihn vorbereitet. Was wohl haben sie in den letzten paar Minuten vor Ladenschluss noch ergattert. Ein großes Stück Emmentaler Käse mit besonders großen Löchern. Aber was soll ein Bär mit einem Käse? Ja Mäuse sind wirklich großzügige Schenker. Man kann ja auf das eigene Wohl auch ein bisschen schauen, gerade zu Weihnachten.

Was wären wir ohne Weihnachten?

Wie heißt es so schön? Weihnachten ist das Fest der Lichter, das Fest der Familie, das Fest der Liebe. Weihnachten zieht sich aber auch wie ein roter Faden durch die ganze Welt, nicht nur durch die Welt der Kinder. Auch unsere Tiere leben in ihrer ganz eigenen Weihnachtswelt. Und in der geht es genauso lustig und turbulent zu wie in der unseren. Im Haus haben die Tierkinder den bunt geschmückten Tannenbaum gesehen. Schnell raus in den Schnee! Im Vorbeilaufen schnappt sich Rocko, der Hund, noch schnell ein paar bunte Kugeln und schon kann es losgehen. Die kleine Tanne auf der Wiese hinter dem Haus lädt geradezu ein, behängt zu werden. Der Weihnachtsabend senkt sich langsam herab und auch ein paar Schneeflocken verirren sich in den Winterhimmel. Jetzt nur nicht nachlassen ihr Schneeflocken, bitte kommt in großer Zahl zu uns auf die Erde! Und plötzlich entdecken die Tierkinder in dem Gewirr der Schneeflocken einen Stern! Langsam schwebt er mit den Schneeflocken zur Erde. Leise, leise, nur nicht den Stern vertreiben! Vorsichtig heben die Tiere den Stern aus feinem Glitzerstaub auf die Spitze ihres Baumes. Perfekt!

Wer hat wohl diesen Stern geschickt? Ein Himmelsbote gerade zur rechten Zeit am Weihnachtsabend? Eine wohlige Wärme geht von dem kleinen Tannenbaum aus. Eine Wärme, die nicht nur die Pfoten der Tiere wärmt, nein, eine besondere Wärme, die sich bis in die hinterste Ecke ihrer Herzen ausbreitet. Wie ein Magnet zieht der kleine Tannenbaum mit dem Wunderstern die Tiere an. Es wird ein wahres Freudenfest, bei dem sich die Tiere gegenseitig beschenken, miteinander plaudern und einfach nur eine schöne Zeit miteinander verbringen. Irgendjemand hat auch Weihnachtslieder mitgebracht, die dürfen bei einer Weihnachtsfeier natürlich nicht fehlen. Der Chor ist schnell zusammengestellt, jeder bekommt einen Teil zu singen. Die Weihnachtsnacht wird zwar immer dunkler, aber der Stern leuchtet umso heller. Aber das Schönste daran ist, dass der Stern nicht nur das passende Licht gibt für die Schar, damit alle gut sehen können, sondern auch Liebe und Freude verbreitet. Die Tierkinder haben einen richtigen Weihnachtsstern gefunden. Und so einen Stern wünsche ich euch allen!

Die Probefahrt

Platzen könnte er vor Stolz! Mit geschwellter Brust stolziert Lumpi auf und ab. Er darf in diesem Jahr seinem Herrchen helfen, die Weihnachtsgeschenke zu transportieren. Schon in den letzten Jahren hätte er so gerne mitgearbeitet, aber da war er noch zu klein und zu schwach. Aber heuer ist es endlich soweit. Zum ersten Mal steht Lumpi wenig später vor einem riesigen Lager voll mit Weihnachtspaketen. Was für eine bunte Pracht! Jedes Paket ist mit bunten Schleifen feierlich geschmückt und überall sind zum Glück Namensschilder mit den Adressen. Aber wie soll er eigentlich all diese Pakete transportieren? Ein Schlitten muss her! Aber gleich den nächst besten kaufen, ohne ihn vorher getestet zu haben? Lumpi und sein Herrchen beschließen, sich ausgiebig zu informieren, bevor sie einen leichtsinnigen Kauf tätigen. Ob sie wohl eine Probefahrt riskieren sollten? Aber klar doch! Niemand möchte die Katze im Sack kaufen! Schon beim ersten Schlittenhändler finden Sie ein tolles Modell mit grünen Kufen. Gleich mal testen!

Na ja, irgendwie sind sie nicht so überzeugt von diesem Gefährt. Aber wenn sie schon mal unterwegs sind, können sie auch gleich etwas Sinnvolles anfangen. Die Pakete 299 bis 303 könnten sie doch schon ausliefern. Die Abladefläche könnte größer sein, aber immerhin hat Lumpis Freundin Mauz auch noch Platz. Die Pakete sind schnell verteilt.

In Waldhausen Nr. 34 a warten die Kinder schon mit leuchtenden Augen und der Opa von Katrin und Stefan aus der Schneeballstraße 24 staunt, als er Lumpi mit dem tollen Schlitten ankommen sieht.

Und der Verkäufer im Schlittengeschäft? Der wartet und wartet. Wo ist nur dieser seltsame Kunde geblieben. Na wenn das sein Chef wüsste, er hätte diesen Schlitten nie und nimmer herborgen sollen! Noch dazu an solche Leute!

Ganz oben bei der Kuppel im Wald fällt Lumpi plötzlich wieder der Schlittenverkäufer ein. Den hätte er ja beinahe vergessen! Jetzt muss Lumpi aber rasch umkehen. Aber kaufen? Nein, kaufen würde er dieses Modell sicher nicht. Das ist für Mauz nicht bequem genug! Außerdem gibt es ja noch viele andere Schlitten. Beim Schlittenhändler Hurtig hat er ein wunderschönes rotes Modell gesehen.

Dieser Schlitten passt gleich viel besser zu Lumpi.
Er gleitet perfekt über den Schnee und Platz
hat er auch genug. Der lange Berghang
gleich hinter dem Laden ist eine hervorragende
Teststrecke. Sie fahren schneller als der Wind,
nur ein paar witzige andere Wintersportler
können diesen Superrennschlitten überholen.
Sogar Mauz ist begeistert. Aber es interessieren
sich noch andere für diesen Schlitten.
Hoffentlich macht das den Schlitten nicht noch teurer.
Aber Lumpi hat Glück. Es gibt einen satten
Weihnachtsrabatt. Lumpi strahlt mit dem Weihnachtsmann
und dem Christkind gleichzeitig um die Wette.
Jetzt noch rasch bezahlen und ab geht die Fahrt.
Ist ja auch höchste Zeit. Lumpi wird schon hoffnungsvoll
erwartet. Es liegen schon etliche Pakete für ihn
im Schnee bereit, die dringend ausgeliefert werden
müssen. Sorgfältig verstaut Lumpi die Geschenke
auf seinem neuen Schlitten. Mit der Adressenliste
in der Schnauze saust er davon.
Wo wohnen noch gleich die nächsten Empfänger?
Ach ja, Hasenweg 11.

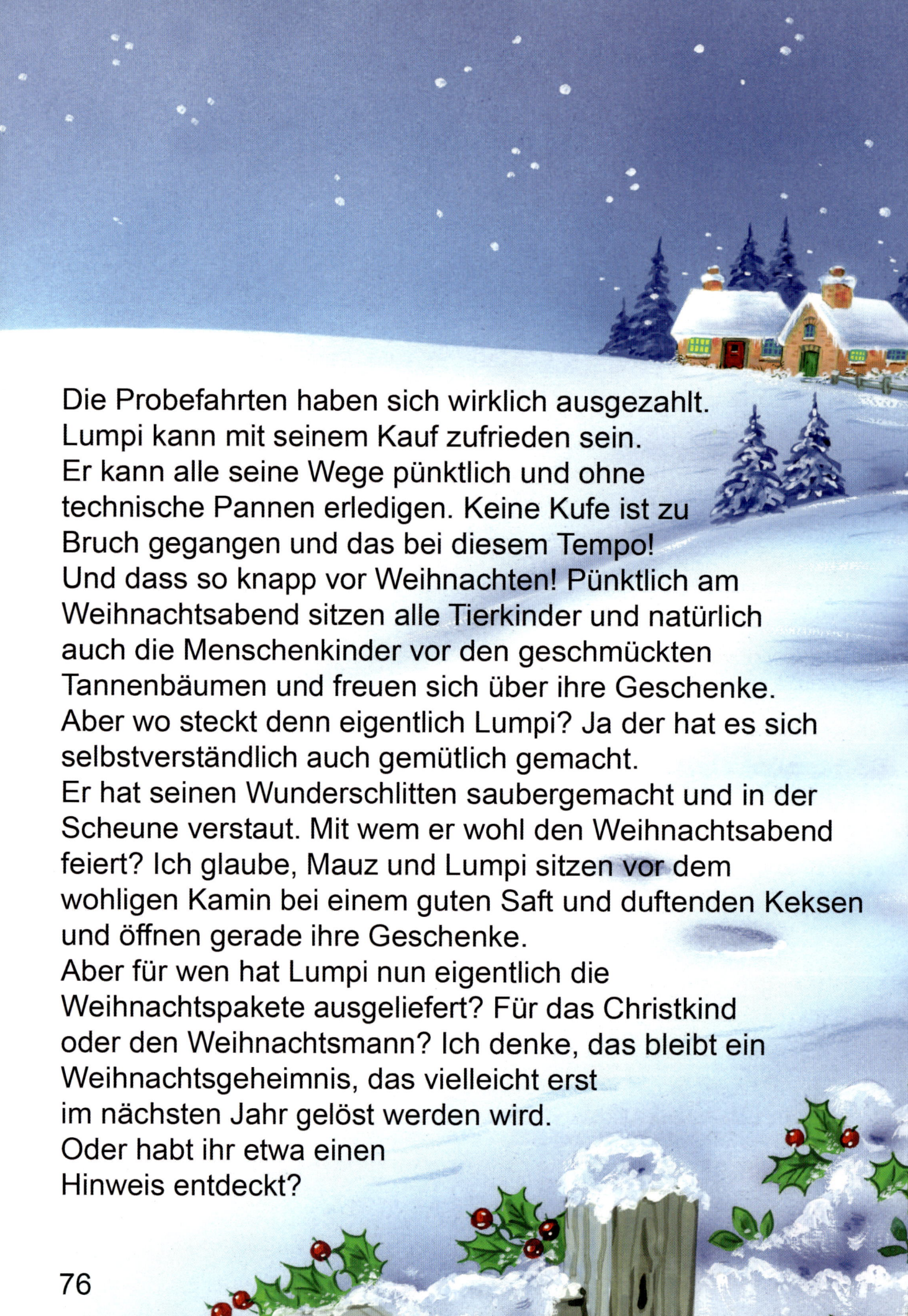

Die Probefahrten haben sich wirklich ausgezahlt.
Lumpi kann mit seinem Kauf zufrieden sein.
Er kann alle seine Wege pünktlich und ohne
technische Pannen erledigen. Keine Kufe ist zu
Bruch gegangen und das bei diesem Tempo!
Und dass so knapp vor Weihnachten! Pünktlich am
Weihnachtsabend sitzen alle Tierkinder und natürlich
auch die Menschenkinder vor den geschmückten
Tannenbäumen und freuen sich über ihre Geschenke.
Aber wo steckt denn eigentlich Lumpi? Ja der hat es sich
selbstverständlich auch gemütlich gemacht.
Er hat seinen Wunderschlitten saubergemacht und in der
Scheune verstaut. Mit wem er wohl den Weihnachtsabend
feiert? Ich glaube, Mauz und Lumpi sitzen vor dem
wohligen Kamin bei einem guten Saft und duftenden Keksen
und öffnen gerade ihre Geschenke.
Aber für wen hat Lumpi nun eigentlich die
Weihnachtspakete ausgeliefert? Für das Christkind
oder den Weihnachtsmann? Ich denke, das bleibt ein
Weihnachtsgeheimnis, das vielleicht erst
im nächsten Jahr gelöst werden wird.
Oder habt ihr etwa einen
Hinweis entdeckt?

1,2,3, Zauberei

Endlich ist sie da, die Weihnachtszeit,
mit all den wunderschönen Bräuchen und Düften.
Dass sich alle Kinder auf dieses Fest schon
besonders freuen, ist ganz klar. Vor allem
ist eines ganz wichtig für die Kinder:
die Zeit der Weihnachtsferien! Herrlich,
so viel kann man in diesen Wochen unternehmen!
Und wie jedes Jahr ist auch der Zirkus wieder da.
Rechtzeitig eine Woche vor dem Weihnachtsfest
schlägt der Zirkus Klarabella sein Zelt vor Monis
Heimatstadt auf. Moni, das Hasenmädchen
hüpft vor Begeisterung. Erst die vielen Geschenke
und dann auch noch der Kinobesuch! Himmlisch!
Die Neugierde plagt Moni schon sehr arg, zu gern möchte
sie erst einmal einen Blick riskieren, was denn so alles
geboten wird in der Manege. Während ihre Freunde
noch mit dem Schmücken ihres
Tannenbaumes eingedeckt sind, macht sich
Moni heimlich auf den Weg zum Zirkuszelt.
Noch ein letzter Blick zurück auf die Freunde
und dann ab durch den Schnee!
Ob sie so einfach entwischen kann,
ohne bemerkt zu werden?

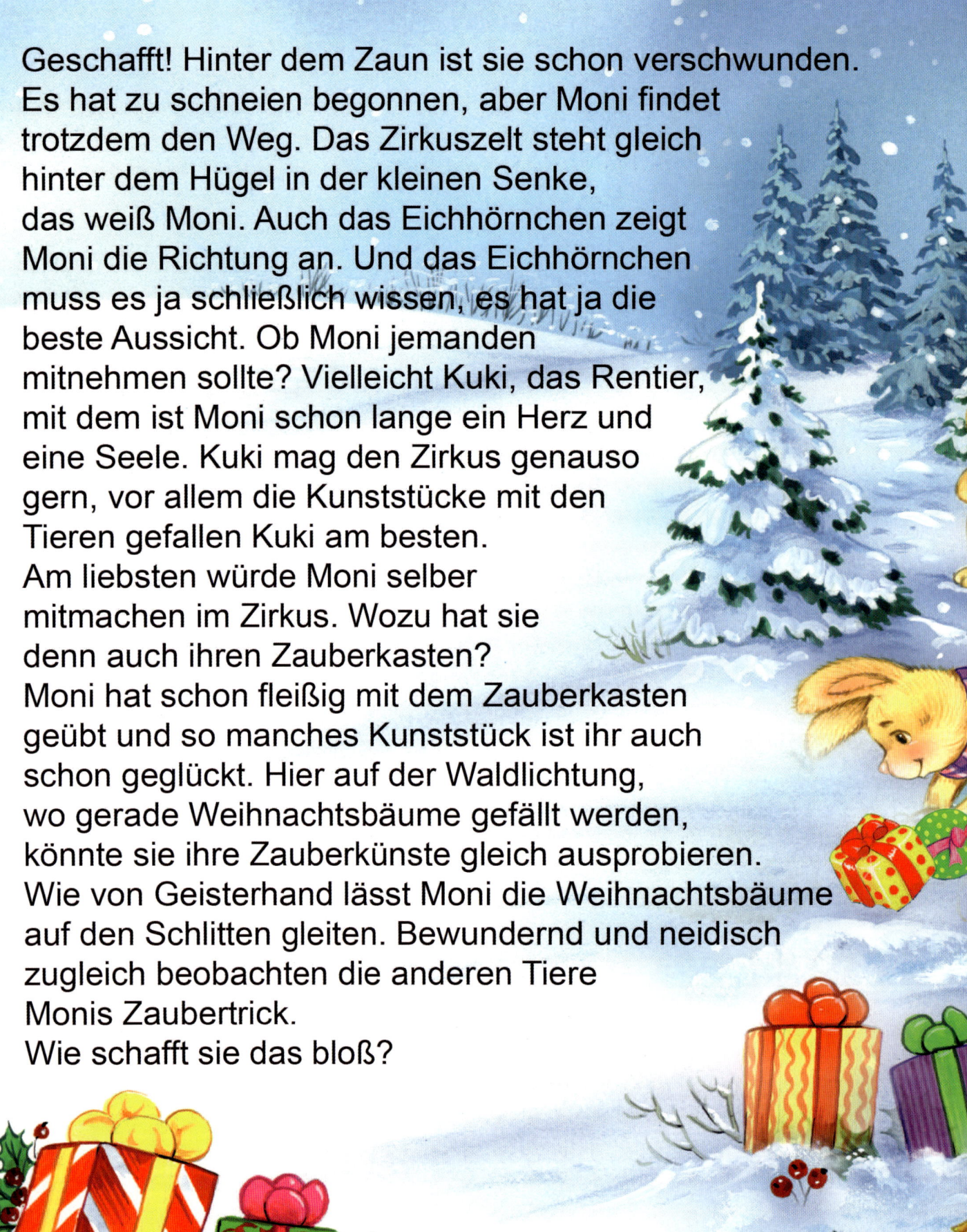

Geschafft! Hinter dem Zaun ist sie schon verschwunden. Es hat zu schneien begonnen, aber Moni findet trotzdem den Weg. Das Zirkuszelt steht gleich hinter dem Hügel in der kleinen Senke, das weiß Moni. Auch das Eichhörnchen zeigt Moni die Richtung an. Und das Eichhörnchen muss es ja schließlich wissen, es hat ja die beste Aussicht. Ob Moni jemanden mitnehmen sollte? Vielleicht Kuki, das Rentier, mit dem ist Moni schon lange ein Herz und eine Seele. Kuki mag den Zirkus genauso gern, vor allem die Kunststücke mit den Tieren gefallen Kuki am besten.
Am liebsten würde Moni selber mitmachen im Zirkus. Wozu hat sie denn auch ihren Zauberkasten?
Moni hat schon fleißig mit dem Zauberkasten geübt und so manches Kunststück ist ihr auch schon geglückt. Hier auf der Waldlichtung, wo gerade Weihnachtsbäume gefällt werden, könnte sie ihre Zauberkünste gleich ausprobieren. Wie von Geisterhand lässt Moni die Weihnachtsbäume auf den Schlitten gleiten. Bewundernd und neidisch zugleich beobachten die anderen Tiere Monis Zaubertrick.
Wie schafft sie das bloß?

Aber Moni muss sich allmählich beeilen, die letzte Vorstellung beginnt bald! Jetzt müssen Moni und ihr Freund Kuki nur noch den Hügel hinunter und schon sind sie da. Mit Skiern an den Beinen wäre es jetzt ein Leichtes. Sportlich wie Moni ist, würde sie in rasendem Tempo bis an das Kassenhaus des Zirkusses sausen. Moni denkt kurz nach. In ihrem Zauberbuch, das sie zum letzten Weihnachtsfest geschenkt bekommen hat, steht doch etwas darüber. Ach ja, richtig! Einmal kurz mit den Pfoten geschnippt und schon hat Kuki ein schönes Paar Ski an den Hufen. Moni ist über ihre eigenen Zauberkunststücke echt erstaunt. Der rutschige Untergrund ist für Kuki zwar noch etwas ungewohnt, aber als er bemerkt, dass Skifahren auch noch Spaß macht, möchte er gar nicht aufhören. Manchmal nimmt Moni auf Kukis Geweih Platz, dann hopst sie wieder durch den hohen Schnee. Hast du dir auch schon mal überlegt, dir neue Skier herbeizuzaubern? Das wäre was! Monis Zauberski funktionieren perfekt. Genau rechtzeitig kommen sie beim Zirkus an.

Die beiden Freunde kaufen sich rasch ihre Eintrittskarten. Das sind aber tolle Sitzplätze, die die beiden da noch ergattern, mit bestem Blick direkt auf die Manege! Es gibt eine spezielle Vorstellung jetzt zur Weihnachtszeit, mit besonders vielen Clowns und Zauberern. Moni ist fasziniert. Ob sie das eine oder andere Kunststück auch erlernen kann? Die Vorstellung ist viel zu kurz und wehmütig treten Moni und Kuki den Heimweg durch den Schnee an. Und Monis Freunde? Die haben inzwischen brav die Tanne geschmückt. An Monis Fußspuren haben sie natürlich bemerkt, wohin sie verschwunden ist. Am nächsten Morgen muss Moni dafür ausgiebig erzählen, was sie so alles erlebt hat. Natürlich möchten die Freunde auch wissen, ob Moni das eine oder andere Zauberkunststück dabei gelernt hat. Vielleicht könnte sie ja Weihnachtsgeschenke herbeizaubern? Aber Moni kann nur das Schneemannkunststück. Wie das geht? Man nehme einen dicken Schneemann, klopfe sachte auf seinen Bauch und dann, eins, zwei, drei – fertig ist die Zauberei! Was wohl verbirgt sich dann unter seinem Hut? Schau doch mal nach!

Der traurige Windhauch

Schon Mitte Dezember und noch immer kein Schnee in Sicht. In der Wetterküche am Himmel herrscht Ratlosigkeit. Was ist bloß los? Sonst geht es um diese Jahreszeit schon turbulent zu. Da tanzen die Schneeflocken schon ausgelassen zur Erde und auch der Eiswind hat seine Helfer schon ausgeschickt. Ein kleiner Windhauch sitzt einsam und traurig am Rand einer harmlosen Wolke. So gefreut hat er sich schon auf den Winter, dass er sich endlich so richtig austoben kann. Aber er darf einfach nicht. Immer wieder setzt sich Frau Sonne mit ihren lauen Temperaturen durch und verscheucht den Eiswind. Neidisch schaut der kleine Windhauch nach unten. Ein zarter hellblauer Himmel liegt über der Erde. Der allererste Schnee hat sich zwar tapfer nach unten gekämpft, aber alle sind glänzender Laune. Es wird gelacht und gescherzt. Ach ja richtig, Weihnachten ist ja schon in zwei Wochen, darum sind alle in heller Aufregung. Das muss er sich mal ansehen. Und mit einem kühnen Sprung segelt der kleine Windhauch in Richtung Erde.

Der Fahrtwind pfeift ihm um die Nase und nach kurzer Talfahrt landet der Windhauch in einem kleinen Wald. Zaghaft bläst er durch die Tannenwipfel, sodass der flaumige Schnee davon rieselt. Und natürlich ist auch die Sonne wieder da. Hat man denn nirgends seine Ruhe! Er will alle einmal so richtig durchpusten, dass die Lebewesen auf der Erde endlich den Winter spüren. Aber nein, hier auf der Erde scheinen alle den Winter so richtig zu genießen. Mürrisch betrachtet er die Tierkinder. Die bauen ja einen Schneemann! Ob er mithelfen könnte? Keck bläst er sich zu den Tierkindern hinüber und kitzelt das Rehkitz an den Ohren. Ob er den Schneemannhut verblasen sollte? Und den Schal? Und die Rübennase? Dann hätten die hier mal ordentlich was zu tun! Aber er setzt sich vorerst einmal auf den Schlitten und schaut zu. Während er über die Tierkinder hinweg gleitet, spüren diese natürlich die Anwesenheit des kleinen eisigen Windhauches. „Beeilt euch, mir wird schon kalt!", ruft das kleine Kaninchen, dem es allmählich in den Pfoten fröstelt. Aber halt, der kleine Windhauch möchte doch nicht schon wieder allein sein! Also nimmt er sich lieber ein bisschen zusammen.

Ob er sich woanders auch umsehen sollte?
Als sich die Tierkinder auf den Weg
machen, eilt er kurzerhand mit. Vorbei geht es an einem
kleinen Dorf, wo schnell Türen und Fenster verschlossen
werden, als der Windhauch vorüberhuscht.
Als er durch ein Fenster blinzelt, sieht er den ersten
Weihnachtsbaum in diesem Jahr. Aber auch hier
wird das Fenster schnell verriegelt, obwohl er
gerade dabei ist, wunderschöne Eisblumen an die Scheibe
zu hauchen. Ob er sich dem Schlittengespann anschließen
soll, das soeben vorbeifährt? Aber Vorsicht, sonst verliert
der drollige Schneemann noch seine
Kopfbedeckung! Das Rentier freut sich über
seine Anwesenheit. Es kommt ja auch aus
dem hohen Norden und ist froh, einen
gleichgesinnten Freund zu haben.
Der kleine Windhauch ist begeistert,
endlich jemand, der ihn von Herzen mag!
Sonst bringen sich alle vor ihm in Sicherheit.
Der kleine Windhauch muss noch ganze Arbeit
leisten, die restlichen Tage bis
Weihnachten vergehen wie im Flug.
Ja, ja, alle lieben weiße Weihnachten
mit Schnee im Überfluss. Aber was kann
er, der kleine Windhauch,
da schon groß ausrichten?

Aber obwohl der Windhauch noch so klein ist, verzaubert er die Landschaft in eine winterliche Idylle. Als der Weihnachtsabend anbricht, blickt er stolz von oben auf sein Werk. Traurig braucht er nicht mehr zu sein, er hat aus dem langweiligen Grün einen weißen Weihnachtstraum gezaubert. Ob die Menschen auf der Erde jetzt wohl zufrieden sind? Er wird sich auch bemühen, jetzt zu Weihnachten nicht zu eisig zu pusten.

Der Windhauch sucht seine neuen Freunde. Sie haben sich um eine kleine Futterkrippe versammelt, in der ein kleines Menschenkind schlummert. Ist das wohl ein Himmelsbote? Dass ihm nur jetzt keine scharfe Brise entgleitet! Ist dieses kleine Wesen etwa das vielzitierte Christkind, von dem er schon so viel gehört hat? Könnte gut sein, denn plötzlich ist da Stella, seine leuchtende Kollegin aus dem Himmelsreich. Der kleine Windhauch fühlt sich inmitten dieser Schar auf einmal wundervoll beschützt und glücklich. Traurig? Keine Spur! Einsam? Schnee von gestern! Aber nach den Feiertagen, ja dann wird er schon dafür sorgen, dass alle rote Backen vor Kälte bekommen. Aber bis dahin ist ja noch viel Zeit.

92

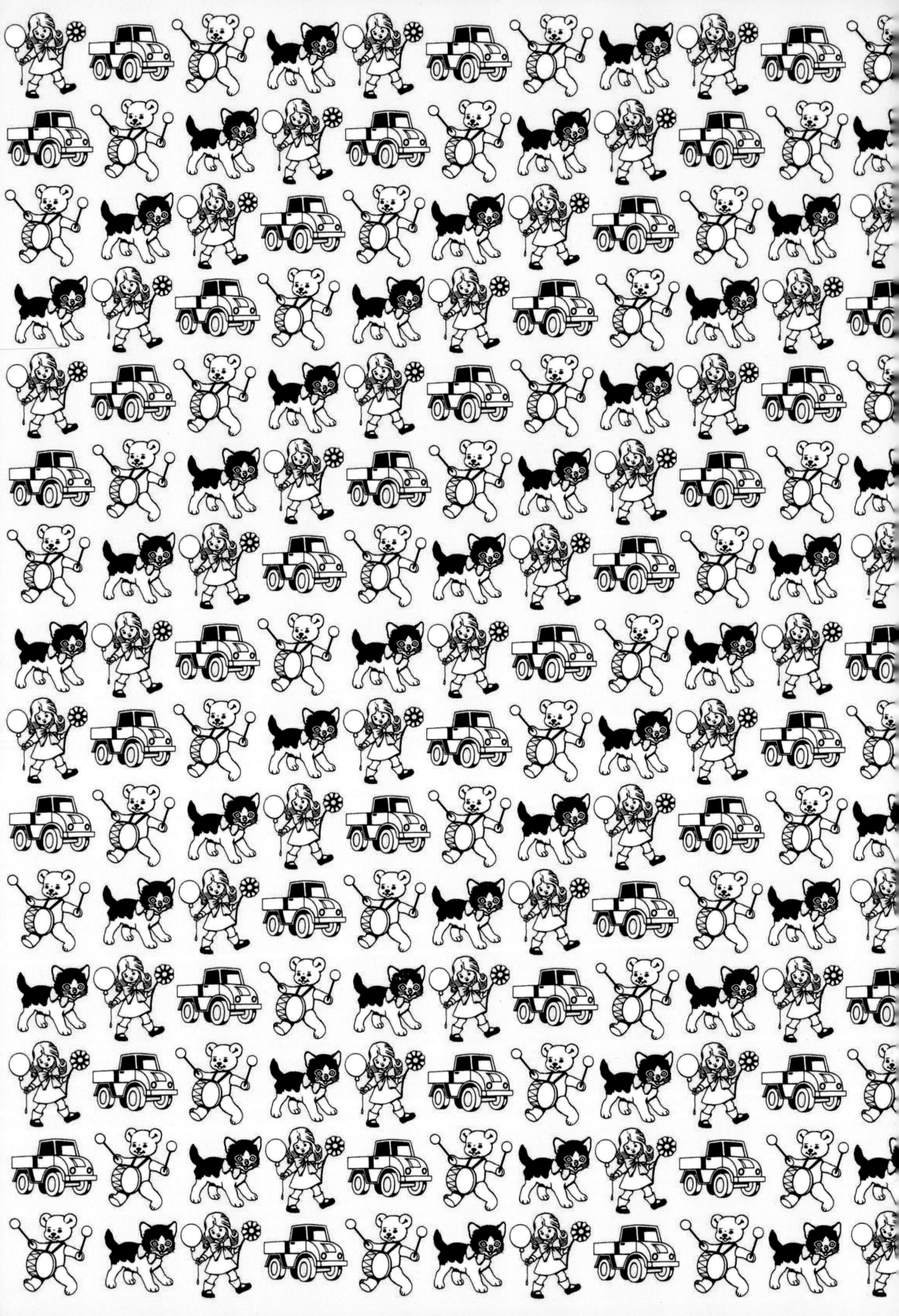